# MOMENTOS DE MOTIVACIÓN PARA MAESTROS

Stan Toler

EDITORIAL

Stan Toler

# MOMENTOS DE MOTIVACIÓN

## Para MAESTROS

### Breves reflexiones de inspiración

*Momentos de motivación para Maestros*
© 2009 por Stan Toler

Publicado por Editorial Patmos
Miami, FL EE.UU.

Publicado originalmente en inglés con el título Minute Motivators for Teachers, por Cook Communications Ministries, 4050 Lee Vance View, Colorado Springs, Colorado 80918 U.S.A.

© 2002 por Stan Toler

Traducido al español por Kerstin Lundquist
Adaptación de diseño gráfico por Suzane Barboza

Categoría: Educación, Motivación

Impreso en Brasil

ISBN 10: 1-58802-425-3
ISBN 13: 978-1-58802-425-1

# Introducción

Los maestros no necesitan más manzanas.

Necesitan un amigo y algunos consejos amistosos; consejo de alguien que los aprecia por lo que son y no sólo por lo que hacen. Este libro no da las perfectas respuestas. Más bien, es una búsqueda de excelencia; una búsqueda que termina en superación del maestro y del alumno.

Escrito desde lo recóndito de mi corazón, *Momentos de motivación para maestros* ofrece dinámicas verdades a profesionales que han iluminado el mundo con herramientas como retroproyectores, tableros de anuncio, y palabras alentadoras.

Stan Toler

# Enseñe para influir.

"Como oradores, no somos las alas.
Somos el viento debajo de las alas."

— Rosanne Emmerich

# INFLUENCIA

Si usted fuera a nombrar a los grandes maestros de todos los tiempos, ¿qué cualidades sobresaldrían? Seguramente concluiría que no solo enseñaron a otros, sino que también influyeron en ellos. Su vida, al igual que sus enseñanzas, aun impacta a individuos y sociedades. Lo que enseñaron era sencillamente una extensión de lo que eran. Influyeron en otros por su carácter.

Las cualidades como dedicación, compasión, y diligencia sin duda fueron disciplinas de su vida, la dinámica que los hizo maestros de la Galería de la Fama. Eran más que proveedores de cifras y datos. Modelaron un sistema de valores que los hizo ser recordados por aquello que los identificaba como también por lo que enseñaron.

Ponga como meta afectar no solo la mente de sus alumnos sino también la vida de ellos. Influya en ellos. Guíelos. Que sus disciplinas personales sean un salón de clase donde sus alumnos aprendan a vivir, y no solo a deletrear y a contar. Si esa es su meta, su obra seguirá mucho después que usted se haya ido.

Los grandes maestros no producen un producto; ellos producen efecto.

# Prepárese para la excelencia.

"Quien se prepara bien,
enseña bien."

— Stan Toler

# PREPARACIÓN

Hasta dónde quisiera llegar en su profesión los siguientes cinco años? ¿Qué será necesario para que llegue allí? Preparación. ¡Necesita preparación! No se alcanza la excelencia sin esfuerzo. Se alcanza cuando uno se aplica a un régimen de adiestramiento. Los que compiten en las Olimpiadas no llegan a ser grandes atletas así por así. Es cierto que algunas de sus habilidades son natas. Algunos nacen con la propensión a la grandeza en el atletismo. Pero, por lo general, el buen atletismo es resultado de la práctica disciplinada. El mismo principio se aplica a la grandeza en la docencia. ¿Qué clase de preparación necesita hacer usted?

Primero, aprenda de sus predecesores. En cualquier empeño, el progreso de los demás es una gran fuente de instrucción. ¿Qué métodos y prácticas exitosos se pueden aplicar a su propia profesión?

Segundo, desarrolle constantemente sus destrezas. Planifique tiempo para superación personal. Tal como en una carrera automovilística el participante tiene que hacer un alto para echar combustible, tomar un descanso, y hacer ajustes mecánicos, hay momentos en que usted necesita hacer un alto en lo que está haciendo y usar ese tiempo para descansar, hacer ajustes profesionales, y tomar nuevo ánimo.

Antes de preparar un plan de la lección necesita prepararse a sí mismo.

# Valore el potencial de cada alumno.

"Todos necesitan sentirse valorados
y que su vida vale la pena."

— Mary Vaughn

# POTENCIAL

**U**n jardinero que cultiva rosas cuida meticulosamente cada una de esas bellas flores. Lo mismo se aplica a un maestro. Nunca fije la meta de enseñar a cien alumnos; más bien, tenga como objetivo enseñar a uno. Aprenda a ver el valor del individuo. Busque descubrir el potencial personal de cada alumno.

Cada alumno representa la oportunidad de cambiar al mundo. Los principios que usted comparte con una persona tienen la posibilidad de influir en la vida de muchísimas otras. Pero esa influencia no se realizará sin la atención personal al individuo. Unas palabras personales, una nota de aliento, una muestra de preocupación… se requiere muy poco para hacer un gran impacto.

En la Biblia vemos que Jesús escogió a una persona aquí y a otra allá de en medio de la multitud y les ministró personalmente. Todas eran importantes para Él, una a la vez. No desechó a nadie. Cada persona tenía un potencial único.

Centre la atención en una rosa en vez de concentrarse en un rosal. Usted tiene ante sí potencial de grandeza, ¡no importa cuántas espinas vea ahora!

Al contemplar a sus alumnos, ¡fije la mirada en el futuro!

# Concéntrese en animar.

"Nuestro negocio debe ser edificar gente. Hay demasiadas personas dedicadas a demoler."

— Norman Vincent Peale

# ÁNIMO

Algunos de sus alumnos han sido golpeados aun antes de llegar a la escuela. Quizá no hayan recibido una golpiza física, pero han sido golpeados psicológicamente. Tal vez los palos y las piedras han sido palabras de desaliento, y su potencial ha sido herido y maltratado por las egoístas actitudes y acciones de los demás.

Estos alumnos están esparcidos a través del aula. Quizá un pequeño haya venido de un hogar donde reina desesperación. Tal vez un alumno intermedio esté luchando por vencer el temor al fracaso, o un adolescente esté enfrentando tremenda presión por parte de sus compañeros. Hoy es su oportunidad de poner un alto al abuso, ¡aunque sea por unas cuantas horas!

Una palabra de aliento de su parte pudiera ser la única que oigan hoy. Una sonrisa de labios de su maestro quizá sea la única que reciban. La palabra de alabanza que usted exprese tal vez sea la única que reciban.

Dios le ha dado la singular oportunidad de revertir la dirección emocional por la que se dirigen sus alumnos. En sus manos está el poder de levantar el ánimo y ofrecer vida emocional a los heridos, y la oportunidad de brindar un rayo de esperanza en medio de las tinieblas del desaliento.

Las palabras de ánimo tienen poder de edificar el espíritu. ¡Úselas!

# Confíe en su preparación.

"Nunca he dejado que la escuela se interponga en mi educación."

— Mark Twain

# CONFIANZA

Usted puede hacerlo! Por cierto, habrá problemas. Usted se enfrentará a preguntas que no podrá contestar. Tendrá alumnos desmotivados y descontrolados. Tendrá que tratar con directores que no estarán de acuerdo con sus ideas. Pero usted saldrá adelante, porque ha pasado por años de preparación para llegar a este punto. ¡Llegó la hora de poner a prueba su adiestramiento!

Usted ha aprendido las destrezas necesarias para esta tarea, y las ha practicado a la vigilante vista de un maestro supervisor. Usted ha estudiado los consejos de sabios docentes. Confíe en ellos, como también en sí mismo.

No está solo; tiene un sistema de apoyo. Sus profesores tuvieron suficiente confianza en usted para darle su diploma. Sus colegas están listos a apoyarlo. Ellos confían en el sistema que lo ha traído hasta este momento.

Además, está haciendo lo propio. Usted está dedicando su vida a enriquecer la de otros, y nada puede ser mejor que esto.

¡Tenga plena confianza en su preparación!

# Cultive una buena relación con sus alumnos.

"Siempre que amemos, servimos.
Nadie es inútil mientras es amigo."

— Robert Louis Stevenson

# RELACIONES

El antiguo modelo de enseñanza presentaba al maestro como experto. El alumno no sabía nada; el maestro lo sabía todo. Los alumnos debían estar sentados, atentos, mientras el maestro les presentaba figuras y filosofías. Los tiempos han cambiado. Esta es la era interactiva. El monólogo ha sido remplazado por el diálogo. Sus alumnos buscan un mentor, no un gurú. Ellos buscan un amigo, no un experto en datos. Hay mayor aprendizaje donde hay confianza, y la confianza es producto de la relación.

Dedique tiempo a edificar puentes de comunicación para llegar a sus alumnos. Por cierto, es necesario que haya ciertos límites profesionales. Pero es mejor aprender a hablar "con" sus alumnos que seguir hablando "a" ellos.

Conozca a sus alumnos. ¿Cuáles son sus aspiraciones? ¿Qué los motiva? ¿Cómo puede captar su interés? Déles la oportunidad de conocerlo a usted. La transparencia no es una peste; es una dinámica. Una dinámica que lo ayudará a transferir conocimiento eficazmente y personalmente.

Mucho después que hayan olvidado la lección, los alumnos recordarán la personalidad del maestro. Cuando usted se comunica a nivel personal, el conocimiento lleva el rostro de amigo.

# Aprenda el valor de una gran historia.

"Las frases descriptivas crean
poder en la comunicación."

— Robert Louis Stevenson Stan Toler

# NARRACIÓN DE HISTORIAS

Las historias son poderosas. Los mejores libros en nuestra literatura son historias. En la industria cinematográfica, una historia cautivadora significa la diferencia entre el éxito o el fracaso de una película. Aun el mejor vestuario, sonido, o efecto se malgasta si no hay un buen argumento. A todos les encanta una historia bien contada. Use el poder de las historias en su enseñanza. Las historias son hermosos cuadros que cautivan la imaginación de los alumnos, y de ellas pueden aprender muchísimos datos.

Coleccione y archive historias que ilustren las verdades que enseña. Revistas, artículos periodísticos, noticieros, o documentales son excelentes minas de oro para las historias que ilustrarán sus lecciones. Inclúyalas en el plan de clase. Úselas como tareas de lectura. Sea ingenioso al referirlas. Cuente las historias con dramatismo, y cautive a su público hasta llevarlos a un inolvidable clímax.

Usted tiene un punto importante que comunicar… ¡hágalo con fuerza! Use la fábula, el cuento, o la parábola para enfatizar su punto. Un poco de dinamismo convertirá una aburrida presentación en una inolvidable.

Aproveche el poder de una historia.

# ¡Dé la impresión de que se está divirtiendo!

"Una sonrisa vale un millón de dólares, pero no cuesta ni un centavo."

— Talmadge Johnson

# ENTUSIASMO

Pídale a un alumno del quinto grado que dé su opinión de la escuela y sin duda dirá que es "aburrida". No permita que esa palabra describa su enseñanza. El entusiasmo es una de las grandes claves de la comunicación eficaz. Siempre que lo haga con entusiasmo, pudiera leer en alta voz las páginas de una guía telefónica, ¡y captar la atención de alguien!

El entusiasmo comienza en el hogar; es un estado de ánimo. Espere con ansias su trabajo diario. Piense en lo positivo, porque siempre se presentará algo negativo. Si va conduciendo al trabajo, use el tiempo para "entrar en onda". Escuche un casete o disco humorístico o motivador en vez de escuchar los noticieros o los informes de accidentes. Aproveche el momento para llenar su mente con pensamientos positivos.

El entusiasmo también comienza con el plan de la lección. "¿Cómo puedo inyectar un poco de emoción en esta clase?" "¿Qué puedo hacer o decir para dar vida a estos datos?"

Sus alumnos no se deleitarán en el aprendizaje hasta que usted se deleite en la enseñanza.

# Aprenda a dominar una pausa cargada de significado.

"El secreto de ser aburrido
es decirlo todo."

—Voltaire

# SINCRONIZACIÓN

Los grandes comediantes tienen algo en común: gran sincronización. El momento oportuno le da el remate al chiste, o a cualquier otra cosa. Algunos de los clásicos monólogos incluyen el momento en que el comediante se detiene en medio de la presentación y meramente mira al público. Con habilidad, aun una pausa o una mirada provocan risas o aplausos.

Para un maestro, una buena sincronización significa que sabe cuándo hablar y cuándo callar. Seguramente no oirá muchos aplausos en el aula, pero un "alto" bien sincronizado puede ser una de las más efectivas herramientas. Puede forzar al alumno a pensar. Puede enfatizar el valor de lo que usted acaba de decir. También puede enfocar la atención en lo que dirá seguidamente.

Los grandes maestros son grandes comunicadores. Ellos observan constantemente el estilo y las destrezas de otros oradores. Estudian buenos métodos de comunicación. Luego los ponen en práctica.

Es bueno saber cuándo hablar. Es aun mejor saber cuándo dejar de hablar. Aprenda a dominar la pausa. ¡Duplicará el valor de sus palabras!

# Reconozca sus errores.

"El hombre que es incapaz de cometer
un error no es capaz de nada."

— Abraham Lincoln

# HONESTIDAD

No es cosa de "si", sino de "cuándo". Tarde o temprano sucederá. Usted cometerá un error. Dará información equivocada en respuesta a una pregunta. Asignará tareas sin la debida preparación. Tendrá que revertir una decisión que ha tomado. No importa. Todos cometen errores, y no es gran cosa, siempre que admita que se ha equivocado.

La honestidad es la mejor norma. La honestidad es una cualidad de carácter, parte importante del sistema de valores de una persona. Es sumamente importante para los maestros, cuya vida debe ser ejemplo de esos valores. La honestidad es un gran credencial, que da valor a las demás enseñanzas. La honestidad es también un gran puente de comunicación. Los maestros cuya vida es franca y sincera ante sus alumnos tienen mayor oportunidad de comunicarse con ellos.

Admita que es humano. Sus alumnos ya lo saben, y el hecho de que usted está dispuesto a ser sincero con ellos obrará en su favor.

Si usted admite un error y se disculpa, sus alumnos le dan una mejor calificación.

# Edifique a sus alumnos mediante felicitación sincera.

"No hay mayor carga
que el potencial humano."

# ALABANZA

**M**uchas veces el presidente del país hace una llamada telefónica felicitando a alguien por una hazaña notable. ¿Cómo se sentiría usted si recibiera tal llamada? ¿Verdad que le caería muy bien?

La atención especial que usted dedique a sus alumnos producirá un similar efecto en ellos. Unas sencillas palabras de aliento pudieran ser el empuje necesario para llevar a un alumno a un mayor desempeño. Felicite a sus alumnos cuando hagan algo bueno. Llámelos por nombre y diga: "¡Felicitaciones!" Busque oportunidades de felicitarlos por su arduo trabajo. Haga un anuncio en público. Hónrelos con expresiones de alabanza por su desempeño.

Cuando usted felicita a un alumno, edifica la autoestima de esa persona. Usted confirma el valor individual del alumno. Cuando usted felicita a un alumno, reconoce que éste es una persona y no sólo un número. También lo ayuda a dar un paso más hacia la madurez.

La alabanza es el combustible que fortalece la maestría.

# Conviértase en un aprendiz de por vida.

"Quien se gradúa hoy y
deja de aprender mañana
es ignorante al día siguiente."

— Loren Gresham

# CURIOSIDAD

**P**ara seguir enseñando usted tiene que seguir aprendiendo. La naturaleza misma de su profesión exige magnífica curiosidad. En un mundo en que las nuevas teorías aparecen con tanta frecuencia como los amaneceres, hay que refrescar los datos de ayer. Al convertirse en un aprendiz de por vida, usted siempre les llevará la delantera a sus compañeros, o por lo menos estará al paso con ellos.

Nunca pierda su sentido de curiosidad; que es el empuje que lo lleva hacia nuevos descubrimientos de cierto tema. ¿Cuál es su especialidad? ¿Qué hay de nuevo en esa área? ¿Le interesan otros temas? ¿Tiene conocimiento amplio o solamente conocimiento limitado? ¿Cuál es su cociente de los acontecimientos de actualidad? Una buena mezcla de la historia y los acontecimientos actuales le dará un más amplio contexto para comunicarse con sus alumnos.

Hablando de alumnos, ¿tiene curiosidad acerca de ellos? ¿Cómo se diferencian de la clase que tuvo el año pasado? ¿Qué los impulsa? Su curiosidad respecto a la cultura de ellos lo ayudará a comprenderlos y, subsecuentemente, a alcanzarlos.

Como usted es maestro, tiene que ser también estudiante de por vida.

# Invierta su vida en los alumnos.

"Mejor es una pequeña hazaña llevada a cabo que una gran hazaña planeada."

— Peter Marshall

# INVERSIÓN

Como maestro, usted no solo da lecciones a sus alumnos; también invierte su vida en ellos. Cada día, en pequeñas porciones de tiempo, energía o emoción, usted invierte parte de sí. También les da la mejor parte de su día, los mejores días de la semana, y los mejores años de su vida.

¿Es realmente un regalo? ¿No es más bien una de las más sabias inversiones que jamás hará? Usted intercambia sus destrezas por la comprensión de ellos. Casi siempre, esa comprensión servirá para mejorar a la sociedad. Usted intercambia su devoción por la admiración de ellos. Casi siempre, esa admiración servirá como modelo para edificar carácter personal.

Muchas veces la enseñanza parece unidireccional. En realidad, es un emocionante ciclo de inversión y recompensa. Lo que usted invierte ahora se realizará en alguna acción recíproca. Quizá usted ya no esté aquí cuando suceda, pero con el tiempo su inversión pagará dividendos.

Usted no es solamente maestro. Usted es un inversionista; permuta su tiempo y su esfuerzo por la riqueza que no tiene precio.

# Determine amar lo que no se hace querer.

"Nada de lo que usted haga por un niño es desperdicio."

— Garrison Keillor

# **A M O R**

**H**ay uno en cada clase: ese alumno que le prueba la paciencia, que le pone los nervios de punta, y que lo hace preguntarse por qué decidió ser maestro. Las palabras que pasan por su mente son: imposible de enseñar, insoportable, que no se hace querer. Recapacite. Realmente vale la pena que considere la causa del comportamiento de ese niño. Ese alumno incorregible puede ser un "prisionero de guerra". Usted no conoce las tormentosas batallas a las que se enfrenta: una torturante vida de hogar, angustia emocional, o enfermedad física.

¿Nada bonito? Tal vez. ¿Imposible de amar? Nunca. Ese "niño problema" es hijo de Dios, el enfoque de su más caro afecto. Según la Biblia, Dios se preocupó lo suficiente como para sacrificar a su Hijo por el bienestar espiritual de ese niño.

Deténgase un momento a orar por una infusión de misericordia. Pudiera ser que el "que no se hace querer" esté buscando amor, ¡y tal vez usted sea la fuente donde lo encuentre! Por lo menos en su corazón puede darle a ese alumno incorregible un nuevo estatus: amado, comprendido, y digno de honor.

Por lo que más quiera, no deje de amar a ese niño.

# Enseñe el gozo del descubrimiento.

"El maestro mediocre dice, el buen maestro explica. El maestro superior demuestra. El gran maestro inspira."

— William Arthur Ward

# SERENDIPIA

Poner a varios alumnos en un mismo salón y equiparlos con emocionante información es como lanzar un fósforo en un tanque de gas. Cuando ambos se unen, ¡algo sucederá! Hay un glorioso momento en el proceso de aprendizaje en que "se prenden las luces". Es el momento en que aparecen las ideas, cuando el aprendiz cae en cuenta. Es el momento del descubrimiento, ¡y nada se compara con él!

Por supuesto, usted sabe que la experiencia no es enteramente accidental. Tiene que haber planificación. En su imaginación usted dibuja un plano que llevará a sus alumnos a finalización. Tiene que haber creatividad. Hay una búsqueda de maneras únicas en que presentar los clásicos principios. Hay tenacidad. Usted está decidido a no darse por vencido hasta que nazca la luz y gozosamente se hayan hecho los descubrimientos.

Que sea su objetivo diario llevar a sus alumnos a experimentar ese gozo, a guiarlos hacia el descubrimiento. No les diga; atráigalos. Que ellos experimenten la emoción de un momento de descubrimiento. Es un deleite aprender. ¡Que sus alumnos lo descubran!

# Manténgase al corriente.

"Hace sesenta años, sabía todo;
ahora no se nada. La educación es el
progresivo descubrimiento de
nuestra propia ignorancia."

— Will Durant

# INFORMACIÓN

Vivimos en la era de la informática, y la información cambia casi a diario. Las organizaciones cambian; los hechos cambian. Se hacen descubrimientos. Los métodos resultan obsoletos. Lo que era cierto ayer puede ser falso hoy, o aun peor, irrelevante. El maestro guía al alumno a través del laberinto de información. Es responsabilidad del maestro conocer no sólo lo que es cierto, sino también lo que importa.

Eso significa estar al día con los acontecimientos de actualidad. Significa leer los periódicos, escuchar las noticias, hacer preguntas, y hacer investigación. Nuestro mundo está dispuesto para el conocimiento, desde nuestra sala de estar hasta la biblioteca. Casi cualquier información la podemos conseguir en la Internet. Los acontecimientos mundiales ya no son cosa "de otro mundo". El mundo está a nuestro alcance.

Mantenerse informado también significa estar al corriente de los métodos de comunicación. Se dictan seminarios, en la Internet o en vivo, para que usted ponga a punto sus destrezas profesionales. Lea las revistas para educadores. Asista a clases de mejoramiento. Inscríbase en un grupo de estudio. Pida a alguien que evalúe sus presentaciones. Decida hacer cualquier cambio necesario para estar al día.

La vida es una vía expresa de información. ¡No se quede atascado en un viejo sendero!

# Enseñe dentro del contexto de sus alumnos.

"¡La educación es cómo los
niños aprenden cosas!"

— Dennis the Menace

# CONTEXTO

**E**s obvio por qué no enseñamos álgebra a un niño de primer grado. Primero tiene que aprender la aritmética. Los conocimientos avanzados se adquieren sólo después que se haya puesto el fundamento. Similarmente, las ayudas visuales de nada aprovechan a un alumno ciego. ¿De qué vale un video si el niño no puede verlo? Cada alumno vive en un mundo único. La manera en que el niño aborda un tema tiene que ver con el previo aprendizaje, el estado económico, las aptitudes físicas o mentales, el contexto geográfico, la nacionalidad, la familia de origen, y muchas otras influencias.

Este principio puede parecer sencillo en teoría, pero ¿qué de la práctica? Requiere disciplina aprender a presentar verdades que los alumnos puedan aprovechar. Averigüe "dónde" se encuentran sus alumnos. ¿Cómo vinculará lo que "necesitan comprender" con aquello que ya comprenden? Es muy posible hacer accesibles los edificios escolares y sin embargo hacer muy inaccesible la enseñanza. Hay que remover las barreras del verdadero aprendizaje y emplear métodos creativos. Cuando usted construye la casa del aprendizaje en un ambiente familiar, hay menos probabilidad de que los alumnos se pierdan en el transcurso de la enseñanza.

Recuerde que un texto sin el contexto es meramente un pretexto.

# Comparta a diario nuevos descubrimientos.

"El ser humano no es, en ningún
sentido, un ser humano hasta
que haya sido educado."

— Horace Mann

# LIDERAZGO

Quien apunta a nada dará en el blanco cada vez. Un buen maestro da a los alumnos algo hacia qué apuntar. Los buenos maestros tienen "guías interiores". No se contentan con alimentar por la fuerza teorías y estadísticas, y les desafía la idea de guiar a sus alumnos a que hagan descubrimientos personales.

Por supuesto, parte del proceso de aprendizaje es crear el deseo de aprender. Motive a sus alumnos con nuevos descubrimientos. Presénteles ejemplos vivos. Invite a "héroes" locales a visitar la clase, a ex alumnos que han sido exitosos. Déles la oportunidad de ver los efectos del aprendizaje, la aplicación, y la diligencia.

Enseñe a sus alumnos a fijar normas personales de excelencia. Señáleles metas que puedan alcanzar, y déles incentivos por cumplir sus objetivos.

Hágalo algo personal. Muéstreles cómo cierta materia los ayudará fuera del aula. Válgase de personajes y acontecimientos actuales como lecciones vivas. Hágalos ver la grandeza y es más probable que traten de alcanzarla.

Dé a sus alumnos una meta que valga la pena alcanzar, y cada vez la cumplirán.

# Nunca rebaje a un alumno.

"La educación hace que sea fácil
guiar a una persona, pero difícil
manejarla; fácil de gobernarla, pero
imposible de esclavizarla."

— Lord Brousham

# PACIENCIA

Si usted hace bien su labor de maestro, sus alumnos experimentarán frustración. Es porque usted les exigirá un poco más de la cuenta; los guiará a descubrimientos y a cambios. Como una serpiente que pierde la piel, a veces se sentirán incómodos al ir creciendo. Esa incomodidad puede manifestarse de maneras poco placenteras. Hasta pueden arremeter contra usted. Pero no los reprenda. Tenga paciencia si causan problemas de disciplina. Sea firme pero delicado en el trato.

La paciencia es una virtud. Cuando se demuestra en su carácter es un brillante ejemplo de madurez. Recuerde que usted está enseñando con su vida como también con su libro de texto. Tal vez deba considerar la paciencia como una habilidad que necesita mejorar, junto con los demás métodos de enseñanza. El relajamiento, la meditación espiritual, y el ejercicio son técnicas que puede usar para ser más paciente. De vez en cuando los alumnos necesitan "tiempo muerto" para concentrarse en su comportamiento. Quizá los maestros también necesiten esa clase de descanso. Escoja con cuidado sus palabras y sus acciones. De cierto modo, durarán por siempre.

¡La paciencia se aprende un alumno a la vez!

# Practique la formación de equipos.

"La unión de fuerzas es un comienzo; el mantenerse unidos es progreso; el trabajar juntos es buen éxito."

— Henry Ford

# TRABAJO EN EQUIPO

La mejor manera de limitar los logros es tratar de hacer todo uno mismo. Pero cuando se trabaja con otros, se multiplica la efectividad. Tal vez de niño aprendió este dicho: "Entre más manos menos esfuerzo." Es cierto, porque muchas veces el solitario se cansa antes de triunfar. Es mejor formar equipo con sus alumnos y trabajar "con" ellos que trabajar "por" ellos. No sólo aliviará la tensión, sino que les dará otras oportunidades de aprender y también de servir.

Pronto usted se verá como un entrenador a quien más le preocupa que el equipo gane y no tanto que un individuo gane el premio. Es un arte saber formar un equipo. Se necesita muchísimo aliento, toneladas de felicitación, y cualquier cantidad de paciencia. También se requiere cuidadosa delegación y seguimiento. Al considerar los resultados, vale la pena.

Colabore con sus compañeros. Aproveche su energía; comparta sus ideas. Divida el trabajo; no haga lo que otro ya está haciendo. Entrene a sus alumnos a trabajar juntos, y les dará una dirección a seguir que nunca lamentarán.

Dos personas que trabajen en equipo desempeñarán tres veces más que dos individuos que trabajen cada uno por su cuenta.

# Pida a Dios que lo haga un comunicador eficaz.

"No os conforméis a este siglo, sino transformaos por medio de la renovación de vuestro entendimiento, para que comprobéis cuál sea la buena voluntad de Dios, agradable y perfecta."

— Romanos 12:2

# F E

**M**uchos grandes oradores no fueron buenos comunicadores. Moisés viene a la mente. Cuando Dios le pidió que guiara al pueblo de Israel, este personaje sobresaliente del Antiguo Testamento alegó que no era un orador elocuente. Pero sus palabras no solo influyeron en el pueblo de los tiempos bíblicos, sin han influido a personas a través de las edades. ¿Cuál era la diferencia? Él no tomó clases de oratoria ni asistió a seminarios de superación personal. No hay nada malo en esas técnicas, pero no fue por tal razón que Moisés llegó a ser un gran líder y comunicador.

Moisés se distinguió porque puso su fe en el plan de Dios, y Dios le dio un portavoz para que lo ayudara a complementar su falta de destreza oratoria. La fe siempre marca la diferencia. ¿Cree usted que puede motivar a un niño? Sí, puede. ¿Tiene fe de que puede ser un buen maestro? Sí, puede. Es cierto que tal vez no tenga todas las respuestas ni todas las habilidades. No importa. Pida a Dios que lo haga eficiente en su trabajo.

Primero, crea que Dios lo ayudará a alcanzar a su público. Luego, ¡diga lo que tiene que decir!

# No espere resultados inmediatos.

"La escuela es un edificio de cuatro paredes; con el mañana dentro."

— Lon Walters

# EXPECTATIVA

Estamos acostumbrados a ver resultados inmediatos. La tecnología de computarización nos ha llevado a considerar que todo lo que requiere más que algunos segundo es lento. Pero las buenas cosas requieren tiempo. El crecimiento de un árbol alto y fuerte lleva por lo menos cincuenta años. Construir hermosos muebles requiere de tiempo y un buen ebanista. La formación de una mente madura también lleva tiempo. Usted ha aprendido a no juzgar a un grupo de alumnos por su comportamiento el primer día de clases. También ha aprendido a no juzgar a un alumno por los resultados de su primera prueba o examen.

Tenga paciencia con usted mismo también. No juzgue su trabajo por el resultado de un solo día. Tenga una perspectiva más amplia. Haga ahora su inversión de tiempo, fuerzas, y destrezas, y aprenda a esperar resultados, aunque lleve tiempo. La excelencia es un proceso, no un acontecimiento.

Espere lo mismo de sus alumnos. Busque crecimiento a través de un mes, un año, o toda la vida. Dé tiempo al desarrollo de la madurez. Que las semillas del conocimiento desarrollen en sabiduría, y que el respeto resulte en carácter. Sea paciente. Las cosas más importantes llevan tiempo.

# Siempre diga la verdad.

"Haga lo debido.
Complacerá a algunas personas
y asombrará a otras."

— Mark Twain

# INTEGRIDAD

La confianza es el fundamento de todas las relaciones. Es el "pegamento" que une a las personas. Sin confianza no se puede esperar una relación o amistad duradera. Lo mismo se aplica a la relación entre maestros y alumnos. Si sus alumnos confían en usted, confiarán en lo que usted dice.

Edifique esa confianza con honestidad; diga siempre la verdad. Cuando no sepa algo, dígalo. Cuando esté equivocado, reconózcalo. Evite las "mentiritas blancas", las verdades a medias, o las racionalizaciones. Parecen inofensivas, pero destruyen la preciosa confianza que los alumnos depositan en su maestro.

Sea conocido por su integridad. Que se diga de usted que es alguien que cumple su palabra. No siempre podrá cumplir todas sus promesas, porque el tiempo y las circunstancias lo impedirán. Pero puede tratar de hacerlo. Usted puede hacer un pacto personal de que en lo posible cumplirá lo que diga. Eso también tiene que ver con mantener una confidencia. La confianza que depositen en usted sus compañeros de trabajo es de gran valor. Lo que alguien le confía en secreto, es secreto. Punto.

Diga la verdad, todo el tiempo, y enseñará más de una lección en su salón de clase.

# Tenga esperanza.

"Las cosas nunca irán tan bien que uno no deba tener temor ni tan mal que uno no deba tener esperanza."

— Proverbio danés

# OPTIMISMO

La desesperación es enemiga del progreso. Cuando el pesimismo se abre paso en una corporación, en una comunidad, o en un salón de clase, el resultado es desmoralizador y frustrante. Cuando se pierde la esperanza, todo está perdido. La esperanza es el cimiento de todo progreso.

Si usted desespera y piensa que no marcará una diferencia en su clase, no lo hará. Si se desanima, sus alumnos también se desanimarán. Pero así como la desesperación es infecciosa, lo es también la esperanza. El optimismo puede cambiar cualquier ambiente, especialmente el salón de clase. ¡Y todo comienza con usted! Usted es la fuente. Su esperanza infunde esperanza. Su optimismo anima a las personas que lo rodean a diario a pensar que sí pueden.

Cuando usted cree que un alumno puede aprender, éste seguramente también lo creerá. Cuando usted cree que está enseñando verdades que pueden transformar a los individuos y a las comunidades, sus alumnos también lo creerán.

El optimismo paga grandes dividendos, a usted y a sus alumnos. Crea que puede transformar al mundo, pues lo está haciendo cada día.

# Sepa controlar el tiempo.

"Malgasté tiempo; ahora el
tiempo me tiene gastado."

— William Shakespeare

# DISCIPLINA

Alguna vez ha sentido que le falta tiempo? En realidad, el tiempo es lo único que todos tienen en común. Todos tienen la misma cantidad de horas y minutos con que enfrentar su día. Cómo se usa esa provisión de tiempo marca la diferencia entre el éxito o el fracaso. Quienes han aprendido a controlar el tiempo --a disciplinarse en el uso del mismo-- son los que evitan la tensión de tener que hacer las cosas a último minuto y la autoridad que lo urgente tiene sobre ellos.

La mayoría no necesitamos más tiempo; necesitamos usar mejor el tiempo. La disciplina es un arte importantísimo para cualquier maestro. Capture los minutos que pierde y podrá controlar sus horas. Defina el uso de su tiempo. Dese parámetros de tiempo, y trabaje dentro de ese tiempo definido. Busque otras maneras en que pierde el tiempo. Por ejemplo, organice el espacio donde estudia y enseña para que sus movimientos sean más eficientes. Nunca haga una cosa dos veces; haga todo bien la primera vez.

Controle usted su tiempo, y sus alumnos seguirán su ejemplo.

# Esté preparado.

"Los planes nada son.
La planificación lo es todo."

— Dwight D. Eisenhower

# PREPARACIÓN

Lo único peor que presentar una lección desorganizada es tener que soportar una. Si el maestro no está preparado, toda la clase sufre, alumno por alumno. Pero lo que padece la clase ni se compara con el efecto que esto tendrá en usted. La falta de preparación producirá un máximo de tensión. Por eso le conviene prepararse, para que no tenga que sudar más tarde.

Reduzca la tensión de su día con planificación a tiempo. Comience temprano en el día. Primero, prepare su mente. Comience con pensamientos positivos. ¡Este será un buen día!" "¡Hoy haré lo que me he propuesto!"

Segundo, prepare su corazón. Lea del libro más positivo en su repisa: la Biblia. Que la poderosa Palabra escrita de Dios lo anime y que dirija su día.

Tercero, prepare su cuerpo. Haga bombear el corazón con buen ejercicio.

Cuarto, prepárese profesionalmente. Prepare un programa para el semestre y para la semana, y también para el día. Defina un horario y cúmplalo.

Es horrible malgastar un día.

# Sea usted mismo.

## "La personalidad del maestro es más importante que lo que enseña."

— Karl Menninger

# AUTENTICIDAD

Un buen maestro comunica contenido; un gran maestro comunica carácter. Sus alumnos aprenderán tanto acerca de usted como aprenderán de usted, o aun más. ¿Cómo puede usted aceptar el reto? Sea usted mismo. Si usted es honesto, aprenderán la honestidad. Si es humilde, aprenderán la humildad. Si es valiente, aprenderán la valentía. Si es bondadoso, aprenderán la bondad.

Aun antes de saludar a sus alumnos les estará enseñando. Las lecciones no serán expuestas solamente en la pizarra, en una transparencia, o en video; se verán también en la vida de usted. Algunas de las lecciones más importantes que enseñará, lo hará mediante su manera de conducirse en el aula.

Sea usted mismo y la lección será buena. Si trata de ser alguien, o algo, que no es, la lección tendrá un efecto negativo. Sus alumnos quizá todavía no sepan mucho acerca de la historia, la geografía, o las ciencias sociales, peo ya conocen el comportamiento humano.

Quítese la máscara y ábrase camino al corazón de alguien con una sonrisa. Sus alumnos le darán una calificación sobresaliente por ser auténtico.

# Sea ingenioso.

## "La imaginación es el comienzo de la creación."

— George Bernard Shaw

# INVENTIVA

La verdad es que nadie tiene todo el tiempo, el dinero, el personal, o los recursos que necesita. Todos se sienten sobrecargados de trabajo, con insuficiente fondos y falta de personal. No importa cuál sea su profesión, habrá tiempos en que tendrá más responsabilidad que recursos. Para triunfar, tiene que aprender a aprovechar de la mejor manera lo que tiene. Eso significa ser ingenioso.

Recicle viejas ideas y materiales usados. Mantenga una red de socios que ya son jubilados o que ahora tienen otras responsabilidades. Seguramente tienen un excelente almacén de buenos materiales que usted pudiera pedir prestado o comprar.

¿Necesita una mano de ayuda? Pida la colaboración de sus compañeros de trabajo, y ofrézcales a ellos su ayuda. Las destrezas y la experiencia se pueden negociar en un esfuerzo cooperativo muy interesante.

Aproveche al máximo cada centavo de su presupuesto. Multiplíquelo una y otra vez. Recicle. Rebusque en lo más profundo de su imaginación y haga lo necesario con aquello que tiene a la mano.

¿Puede pensar en quince maneras de usar un palillo de dientes? ¡Eso significa que quizá sea maestro!

# Sea responsable
# ante alguien.

"Pocos son los que tienen la virtud
de resistir al mejor postor."

— George Washington

# RESPONSABILIDAD RECÍPROCA

La responsabilidad recíproca no es unilateral. Sus alumnos son responsables ante usted, y usted tiene que ser responsable ante otros. De esto depende su credibilidad. Ni su tiempo ni sus talentos son propiedad única. Durante toda su carrera profesional usted será responsable ante alguien. Por supuesto, no es algo nuevo. Usted lo supo desde que se fue secando la tinta en su diploma de docente.

La responsabilidad recíproca es un comportamiento progresivo. No es responsable una vez; lo es siempre. Mientras su nombre esté en el cheque de pago de la corporación y mientras haya alumnos que esperan su llegada en el salón de clase, usted tiene una constante responsabilidad de rendir cuentas por su tiempo, sus capacidades profesionales, y su conducta personal.

La responsabilidad es un hábito diario. Cuando tenga que entregar informes a sus superiores, hágalo a tiempo. Cuando haya prometido algo a los alumnos, cúmplalo. Sea íntegro en el manejo de su dinero. Sea honrado en todos sus tratos. Lo más valioso para el maestro es la confianza. Cuando los demás creen lo que usted dice, progresará. Si no le creen, fracasará. Proteja esa confianza haciéndose responsable ante otros.

# Esté disponible.

"El regalo más valioso que usted
puede dar es su tiempo"

— Steve Weber

# DISPONIBILIDAD

La enseñanza no es un trabajo; es una profesión. Las personas no enseñan para ganarse la vida; son maestros. Olvídese del horario de nueve de la mañana a cinco de la tarde; no existe. Los momentos más importantes en la enseñanza pueden presentar fuera de las horas de clase. Una pregunta después de clases, una conversación cordial temprano en la mañana, una llamada telefónica a su casa… estas son oportunidades de hacer lo que usted hace mejor: enseñar.

Pero eso no puede suceder si usted no está disponible. El aprendizaje sucede mejor cuando se relaciona a la vida. Por eso aquellos momentos de la vida son tan importantes. Todo un semestre de enseñanza en sociología puede ser olvidado; pero esa excursión a un vecindario de diversidad étnica probablemente permanecerá en la mente de los alumnos por siempre.

Usted no tiene que ser un "compinche" pero puede ser amigo. Su habla y sus gestos pueden expresar su disponibilidad a ofrecer amistad. Por cierto tiene que tener una norma de accesibilidad que sea justa y razonable; pero esos dos o tres minutos después de la clase pueden representar más influencia personal que dos o tres años de tiempo de clase estructurado.

# Esté dispuesto a decir "no sé".

"Un hombre honesto es la obra más noble de Dios."

— Alexander Pope

# CANDOR

¡Tómelo con calma! Nadie espera que usted sepa todo. Sus alumnos reconocen la diferencia entre la falta de preparación y el simple hecho de ser humano. Nadie lo castigará por la sinceridad de admitir lo que todos ya saben, que hay ciertas preguntas que usted no puede contestar. Simular que sabe algo que en realidad no sabe o negar su ignorancia de cierto tema perjudicará su credibilidad.

Cuando no sabe la respuesta, admítalo. Sus alumnos quieren saber la verdad, y quieren que usted sea veraz. Viven en un mundo de exageraciones, promesas incumplidas, y ambigüedades. Cuán alentador sería para ellos tener una experiencia educativa totalmente abierta y sincera. La mayoría no se dejará engañar por esa frase o palabra ingeniosa. Y comprenden lo que es tener preguntas; a veces muy conscientes de ello.

Enseñe a sus alumnos cómo vivir y también cómo aprender. Hágales saber que algunos de los problemas de la vida no tienen solución. Por siempre apreciarán su sinceridad, y usted tendrá un gran sentido de satisfacción.

He aquí las palabras que llevan al sendero del descubrimiento: "No lo sé; busquemos la respuesta."

# Espere lo inesperado.

"La desenvoltura es la habilidad de
sentirse a gusto discretamente."

— Ann Landers

# DESENVOLTURA

Un día tranquilo de pronto puede tomar otro giro. Seguramente lo descubrió su primer día de clases. Tarde o temprano se enfrentará a peleas, fiebres, y objetos que vuelan por los aires. No puede prevenir cada situación; pero puede aprender a responder con desenvoltura.

La desenvoltura comienza en la mente, con la comprensión de que usted tiene lo necesario para detener una locura momentánea (sea que lo haga o no). La determinación interior sabe expresarse exteriormente.

La desenvoltura también se manifiesta en preparación. Usted tiene un plan opcional; ya se ha percatado de la peligrosa diversión. Está listo a enfrentarse a los leones sea con una silla, un látigo, o un biscocho. Está preparado para controlar ese levantamiento momentáneo.

Espere que su día no resulte como lo planee y no se sentirá defraudado. En realidad, considere las interrupciones en clase como oportunidades de enseñanza. Un buen maestro puede enseñar algo aun de lo más insignificante. ¡Espere y aproveche esas insignificancias!

# No catalogue a los alumnos.

"Cuando usted dice que no hay
esperanza para una situación o persona,
cierra la puerta en las narices de Dios."

— Charles Allen

# ACEPTACIÓN

Todo maestro es profeta, y lo que usted predice acerca de un alumno sin duda se cumplirá. Catalogue a un alumno de ignorante, y de seguro lo será. Llámelo un alborotador y éste no lo defraudará. Lo que usted dice, sea en alta voz o por sus expresiones, probablemente es lo que verá. Siembre lo positivo y cosechará grandes resultados. Siembre lo negativo, y recibirá lo que espera.

Tenga una mente abierta respecto a sus alumnos. Acéptelos como son, y aprécielos por lo que pueden llegar a ser. Reconozca que un niño activo no necesariamente es hiperactivo. Recuerde que un alumno que tiene que esforzarse más por aprender no necesariamente tiene problemas de aprendizaje. En casi todos hay una fuente oculta de grandeza. Por ejemplo, Einstein falló en el curso de álgebra, pero eso no quiere decir que fue un fracaso.

Cuando usted aprende a manejar los obstáculos interiores que los alumnos traen a clase, los ayudará a tratar con estos problemas y vencerlos. La aceptación de su parte puede ser aquello que los impulsa a la grandeza.

Aprenda a no catalogar a sus alumnos.

# Responda en vez de reaccionar.

"No haga planes pequeños; no tienen
la magia de incitar a la acción."

— Daniel Burnham

# PREVISIÓN

Los simulacros de incendio son cosa buena. Sirven para responder con un plan en vez de reaccionar a una emergencia. El enojo, la vergüenza, y el temor son reacciones. La claridad, la firmeza, y la acción con respuestas. Hay una diferencia entre ambos. Cuando usted reacciona, pierde el control; cuando responde, ejercita control.

Los problemas de disciplina, la agresión pasiva, y los improperios son "emergencias" que se puede esperar en el salón de clase. Muchas veces son indicativos de mayores problemas con que está tratando un alumno. Otras veces, el alumno refleja el comportamiento que ve en su hogar.

¿Cómo afrontará esas emergencias? ¿Responderá o reaccionará? Si reacciona, quizá agrande el problema. Si aprende a responder, pudiera aplacar el alboroto. Considere una estrategia. Repase en su mente lo que pudiera hacer. "Si sucede A, emplearé la respuesta A." Prepare su mente para controlar sus acciones. Mantenga la calma para controlar la situación.

Planee para sus propias emergencias, y cuando ocurran, responderá en consecuencia.

# Sintonice con la creatividad de sus alumnos.

"Si amamos al prójimo, lo veremos conforme al propósito de Dios para él."

— Florence Littauer

# OBSERVACIÓN

Cada alumno es dotado de alguna manera. Pensadores, soñadores, planeadores, motivadores, creadores, hacedores... los verá a todos. Cada mañana tiene ante usted un aula llena de materia prima. Usted la minará, la refinará, y la enviará en la forma de talentosos alumnos con corazón y mente dispuestos a transformar al mundo. Hay que tratar con cuidado los dones y a los dotados. Puede quebrantarlos si los trata descuidadamente. Al tratarlos con cuidado, desarrollarán.

Observe a sus alumnos. Averigüe lo que los intriga, lo que los inspira, lo que los hace como son. Luego aproveche sus puntos fuertes, y desafíe sus debilidades. En las miradas fijas de las mañanas y los bostezos de las tardes tiene usted ante sí gran potencial. A usted le corresponde encender la chispa del saber.

Permita a los actores actuar; inspirarán a los demás. Permita a los soñadores soñar; descubrirán un nuevo sendero. Dé a los creadores un poco de "arcilla" y se asombrará al ver lo que pueden producir. La diferencia entre la mediocridad y la excelencia muy bien puede ser el ánimo que usted les infunde a diario.

Busque la grandeza y déle rienda suelta.

# Celebre el progreso
# de sus alumnos.

"Cualquier cosa que el hombre puede
concebir y creer, lo puede hacer."

— Napoleón Hill

# CELEBRACIÓN

El aprendizaje significa arduo trabajo. La creatividad consume energías. El descubrimiento por lo general viene después de frustración, pruebas, y error. ¡Eso es trabajo! Cuando sus alumnos desempeñen algo loable, celebre sus logros. Felicítelos por sus esfuerzos, y los conducirá a un mayor desempeño. Ignórelos, y magnificará la mediocridad.

Si sus alumnos progresan en el aprendizaje, dígales que lo ha observado. El solo hecho de que han captado su atención será una gran fuente de motivación para ellos. A todos nos complace un asentir con la cabeza, una señal de aprobación, o una palabra de ánimo.

Haga algo extra. Planee una celebración. Busque maneras de honrar lo que han logrado. ¿Es digno de una fiesta? ¿con refrescos, banderines, y premios? ¡Seguramente! La misma satisfacción que usted siente por esa fiesta de cumpleaños o ese aniversario especial será el gozo que sentirán los alumnos honrados.

Por supuesto, debe distribuir justamente el honor. Hay distintas maneras de honrar los varios niveles de desempaño. El ser honrado por un extraordinario esfuerzo hace sentir muy bien a un ser humano.

¡Vale la pena honrar los esfuerzos!

# Descubra los pasatiempos de sus alumnos.

"Un pasatiempo es algo que lo aloca para que no se vuelva loco."

— Jack Benny

# INVESTIGACIÓN

La mayoría de los alumnos no viven para asistir a clases, ¡sino a pesar de ello! Generalmente lo que más les interesa sucede fuera de las cuatro paredes de la escuela y cuando usted no está con ellos. Su vida muchas veces comprende muchos intereses especiales que usted ni conoce. Sea deportes, música, mascotas, clubes, o pasatiempos, habrá algo que captará la imaginación extracurricular de cada alumno. Averigüe lo que es, y úselo como componente básico para desarrollar una relación de aprendizaje con sus alumnos.

Tiene que haber un poco de investigación. ¿Por qué? Porque la educación de sus alumnos depende de ello. Usted puede valerse de sus intereses naturales como vínculo para otros intereses. Entérese de lo que hacen en casa, lo que hacen después de las horas de clase, y lo que hacen los fines de semana. Luego, aproveche ese conocimiento para desarrollar sus métodos de enseñanza.

El aprendizaje no es una calle sin salida. Es una emocionante vía expresa, con incontables rampas de salida y de entrada. El descubrimiento de esas salidas y entradas puede significar la diferencia entre el aprendizaje feliz o laborioso. Trace paralelos entre los pasatiempos de sus alumnos y las materias que usted enseña. Solo entonces habrá "iluminación".

# Entrene a sus alumnos a desarrollar buenos patrones de estudio.

"Procura con diligencia presentarte a Dios aprobado, como obrero que no tiene de qué avergonzarse, que usa bien la palabra de verdad."

— 2 Timoteo 2:15

# ENTRENAMIENTO

En cierto punto, cada alumno tiene que aprender independientemente de su instructor. El alumno tiene que hacer las tareas, la lectura, y otras asignaciones si la ayuda del maestro. Para progresar, el alumno tiene que aprender cómo aprender. El entrenador tiene que entrenar a los atletas a hacer lo mejor de su parte en el lugar donde el entrenador no puede ir: en la cancha de juego. Así también usted debe entrenar a sus alumnos a aprender en la ausencia del maestro. Usted los supervisará directamente un año o más, pero necesitarán habilidades que duren toda la vida.

Enséñeles disciplina y organización para que puedan completar sus asignaturas. Cuando usted espera que hagan su mejor esfuerzo, seguramente lo harán. Cuando usted disculpa y racionaliza los errores de sus alumnos, ellos aprenderán a justificar su comportamiento. Un entrenador no triunfa al disculpar a sus jugadores. Más bien, triunfa al esperar que ellos se esfuercen en lo máximo. Esas disciplinas permanecen mucho después que se hayan apagado las luces en la cancha. Son comportamientos aprendidos que se manifestarán también en otros aspectos de la vida.

Entrene a sus alumnos a desarrollar buenos patrones de estudio y serán campeones.

# Evite el uso de clichés.

"Usted nació como original.
No muera como una copia."

— Robert Schuller

# CLARIDAD

Cuando tenga algo que decir, dígalo claramente. Usted no es sólo maestro, sino también comunicador. La manera en que diga algo afectará el impacto de lo que tenga que decir. Los buenos comunicadores generalmente tienen su propia lista de verificación. Ellos practican su presentación para eliminar las palabras y las frases que impiden la transferencia de ideas.

Evite las declaraciones vagas, las generalizaciones, y los clichés. Trate de no usar palabras populares. Cada generación tiene palabra o frases que la caracterizan. Si cruza esa "línea de tiempo del lenguaje" muy bien pudiera impedir sus esfuerzos de comunicación. Escoja palabras que tiene significado para la cultura de hoy. El lenguaje de los años setenta u ochenta no sirve mucho para alcanzar a los niños y jóvenes de hoy.

Si se ha dicho millones de veces, no lo vuelva a repetir. No use los adjetivos trillados. Haga poco uso de superlativos. Muy pocas cosas son "lo mejor", "lo peor", o "súper". Casi nada es "magnífico".

Diga lo que quiere decir. Dígalo sencillamente y directamente. De esa manera hablará con "novedad".

# Mantenga excelentes registros.

"Lleva menos tiempo hacer algo bien que explicar la razón de que se hizo mal."

— Henry Wadsworth Longfellow

# METODOLOGÍA

No haga su trabajo dos veces. Pierde el tiempo si tiene que buscar información que ya pasó por sus manos. Llevar un diario y archivar documentos en papel o en computadora tiene su lugar. Demasiado, causa desorden; lo suficiente, provee claridad. El mantener registros es un método de enseñanza. Si aprende a registrar dónde ha estado, tendrá un mejor sentido de la dirección en que se dirige.

Quizá se pueda decir que un buen sistema de archivo es el comienzo de buenos hábitos de enseñanza. Por ejemplo, un archivo de antiguos planes de la lección se puede volver a usar para enseñar nuevas verdades. Los recortes son fuente de excelentes historias que traerán a majestuosa vida un acontecimiento rutinario. Ambos se perderían sin un buen proceso de archivo.

Anote los resultados de métodos que ha probado. Los ¿qué?, ¿dónde?, ¿cuándo?, y ¿cómo? de su registro son señalizadores que lo ayudarán a evitar repeticiones y mantendrán al día sus presentaciones. No es necesario que haga un mismo trabajo dos veces. Desarrolle un sistema de registro y ahorrará muchas horas de tiempo y días de exasperación.

# Adorne las paredes del aula.

"Las paredes adornadas dan
vida al salón de clase."

— Linda Toler

# AMBIENTE

Los colores comunican; también las formas. La creatividad de sus alumnos comienza con usted; ellos la "captan" pero usted también la "enseña". Las paredes del aula pueden usarse como interesantes lienzos en que la belleza y el significado de imágenes puede encender la chispa del arte en sus alumnos. Use en todo ámbito su espacio de enseñanza.

Enseñe ilustración mediante ilustraciones.

Dé ejemplo de aprecio por el arte con exhibiciones artísticas.

Refuerce sus máximas con carteles.

Válgase de dibujos y colores para crear un ambiente atractivo para sus alumnos.

Intercambie el contenido de los tableros de anuncio para que siempre haya algo de novedad.

Exhiba fotografías de acontecimientos de actualidad.

Aproveche cada espacio libre de su aula para beneficio de usted mismo y de sus alumnos. Al crear un ambiente imaginativo, no tendrá que esforzarse tanto en despertar la imaginación de las dormidas mentes de sus alumnos.

Considere la iluminación. ¿Hay suficiente luz? ¿Puede usar la iluminación para crear ambiente? Observe el aula. ¿Quisiera usted estudiar allí? Si no, tal vez necesite un poco de renovación. Pueda ser que no le den permiso de quitar una pared, pero pudiera pedir que le permitan pintar una.

Los pequeños toques pueden marcar una gran diferencia.

# Construya puentes al corazón de sus alumnos.

"Cuando Dios mide a una persona,
pone el centímetro alrededor
del corazón y no de la cabeza."

— Lon Woodrum

# COMPASIÓN

El viejo dicho es cierto: A la gente no le importa cuánto usted sabe hasta que sepa cuánto le importa, Es un adagio que da gran ventaja al empresario. Da aun mayor ventaja al maestro. Varias horas al día usted es sustituto de la madre, el padre, la hermana, o el hermano de sus alumnos. Durante el día escolar ellos no pueden estar con su familia, pero están con usted. El apoyo de su familia es abstracto; el de usted es concreto.

Sus alumnos no buscan un experto; quieren un mentor. Alguien que ya ha pasado por la senda en que ellos se dirigen, que comprende sus necesidades, que puede mostrarles el camino. Necesitan filosofía pero también amistad. Más que historia de la antigüedad necesitan una mano extendida.

Allí está usted: un rostro amistoso en una mañana de locura; una palabra de bienvenida después del angustioso trajín entre el bus escolar y el salón de clase; un refuerzo positivo en un día que ya ha sido frustrante.

Sea un puente en vez de una pared. Extienda una mano. Dé bienvenida a un nuevo amigo. Toque el corazón de sus alumnos y ganará la mente de ellos.

# Enfatice la comprensión sobre la memorización.

"Una memoria bien adiestrada
nos permite olvidar todo lo que
no vale la pena recordar."

— Battista

# COMPRENSIÓN

Enseñar hechos y datos es fácil. Usted puede enseñar a un loro a repetir información; pero es más difícil lograr que aplique esa información en su vida enjaulada. La enseñanza es más que lanzar datos en el ambiente escolar, como si fueran flores sueltas. Es más como plantar un jardín. Requiere de cuidadosa preparación, fiel siembra, tierno regado, y la determinación de impedir que la mala hierba del error interfiera con el crecimiento.

El objetivo de la enseñanza es comprensión, no sólo conocimiento. Los alumnos realmente no han aprendido hasta que puedan aplicar las verdades en su vida cotidiana. La matemática es más que números; es una herramienta para resolver problemas que sus alumnos podrán usar para su futura carrera. El conocimiento en computación va más allá de términos y tecnología. La verdadera destreza es aprender a usar ese instrumento para bendición personal o corporativa.

Enseñe hasta que se prenda una luz, hasta que los vagos principios lleguen a ser sendas vitales en que las mentes inquisitivas comiencen una gloriosa jornada. La comprensión es más importante que la teorización. Hasta que un alumno aprenda a aplicar los datos a la fe, el ciclo de aprendizaje no está completo.

Siempre muestre a los alumnos qué hacer con lo que saben.

# Equilibre su trabajo con juego.

"No dediqué ni un día de mi vida al trabajo. Todo fue diversión."

— Tomás Edison

# RECREACIÓN

El aprendizaje es arduo trabajo. Puede ser emocionante; pero también es difícil. La mayoría de los días escolares los alumnos se levantan demasiado temprano, comen muy poco, y ganan aun menos por sus esfuerzos. La mayoría no está en la escuela porque esa fue la actividad predilecta del día. La ley lo requiere. ¡Con razón a veces parecen estar ofendidos cuando se pasa lista! Saben que durante las siguientes horas recibirán mucha información y mucho esfuerzo se requerirá de ellos. Se espera que asimilen en unos minutos los conceptos que a usted le ha llevado años comprender. Déles la oportunidad de tomarlo con calma. De vez en cuando apriete el botón de "pausa".

Dé a sus alumnos tiempo de descanso. Será provechoso para cuerpo, alma, y espíritu. Establezca ciertos límites, luego déles tiempo de juego. Los libros no desaparecerán, pero el momento de recreación se esfumará. En realidad, ese momento puede ser el tiempo más oportuno de enseñanza. Entreteja la enseñanza con juegos y actividades recreativas.

¡El cambio de ritmo beneficiará al maestro y a los alumnos!

# Equilibre la justicia con misericordia.

"Oh hombre, él te ha declarado lo que es bueno, y qué pide Jehová de ti: solamente hacer justicia, y amar misericordia, y humillarte ante tu Dios."

— Miqueas 6:8

# JUSTICIA

**U**n maestro tiene muchas funciones: mentor, amigos, experto, y hasta juez. Pero algunos alumnos necesitarán misericordia más que justicia. Traerán al aula mucho dolor de corazón, y estarán en necesidad de compasión. Más que alguien que los critique necesitarán un amigo, y más que el alzar de la voz necesitarán una mano extendida. La experiencia le ayudará a saber la diferencia.

Pero lo cierto es que otros necesitarán un poco de justicia. Necesitarán aprender que la vida tiene ciertos límites, y que la responsabilidad es más que una palabra que deben aprender a deletrear. Necesitan aprender respeto, disciplina, y formalidad. El amor y la justicia son necesarios; pero deben extenderse en medidas iguales. La "doctrina de justicia" no es sólo un principio histórico, sino una necesidad. Casi a diario ven los extremos: demasiada misericordia y demasiada justicia. Los criminales escapan de la justicia mientras que las víctimas lloran. Se juzga al acusado sin darle una defensa. Los alumnos necesitan ver equilibrio.

Sepa cuándo dar una palmada en la espalda y cuándo impartir justicia al transgresor.

# Correlacione los hechos con la fantasía.

"Los hechos de nada valen a menos que sean bien comprendidos, bien relacionados, y bien interpretados."

— R. L. Long

# SOÑAR

Es horrible malgastar una mente que divaga. Algunos de los grandes inventos y las grandes realizaciones comenzaron con un sueño. Cierto día una mente empezó a divagar, con fantasías acerca de una mejor sociedad, un mejor método, y una mejor aplicación, ¡y de pronto fue concebida una cura!

Casi todas las actividades de aprendizaje son tediosas. Un alumno puede tolerar sólo hasta cierto punto las recitaciones de memoria, los ejercicios prácticos, los repasos. Busque maneras de inyectar un poco de fantasía en la rutina del día. Por supuesto, debe guiar y cuidar esos momentos. Pero puede ser muy beneficioso rotar entre las actividades activas y las pasivas. Alterne entre el arduo trabajo y la diversión. Dé tiempo a sus alumnos para que sueñen. Déjelos fantasear con un mundo mejor y lo que ellos pueden contribuir para hacerlo realidad.

Obviamente, el soñar despierto es tan parte de la rutina como los susurros y el pasarse notitas. ¿Por qué no aprovecharlo? Dé a los alumnos tiempo creativo, para que divaguen con la mente más allá de los linderos de "lo que es" hasta descubrir "lo que podría ser".

Para correlacionar los hechos con la fantasía, anime a sus alumnos a ser soñadores.

# ¡Simplifique!
# ¡Simplifique!
# ¡Simplifique!

"Tenemos que simplificar,
simplificar, y simplificar."

— Henry David Thoreau

# SENCILLEZ

Lo más difícil del proceso de comunicación es darle aspecto de algo fácil. Los buenos comunicadores se esfuerzan diligentemente para derrumbar las paredes de los malinterpretados. Se expresan para ser comprendidos, y no para ser admirados. Hable con palabras largas, datos complejos, y teorías vagas, y sus oyentes se contagiarán los bostezos como un resfrío entre preescolares. Simplifique la comunicación, y hasta lo complejo será comprendido. La sencillez es la clave de la comunicación eficaz.

Examina cuidadosamente su presentación. ¿Está claro el lenguaje? ¿Usa usted demasiadas palabras? ¿Hay "puentes" de comunicación? Lo cierto es que cada idea se puede reducir a una oración gramatical. Haga la prueba. Si no puede comunicar sus pensamientos en una sencilla oración, el público no comprenderá su punto clave. Refine la presentación. Divida por partes las ideas complejas. Reduzca cada principio a su más sencillo nivel, aplíquele una ilustración práctica, y luego preséntelo con todo amor a sus oyentes. Apreciarán de todo corazón el "regalo".

Este es un buen principio: si la persona más joven de su público entiende lo que usted dice, todos lo comprenderán.

# Enseñe las ventajas de la autoridad.

"El ejemplo no es lo principal para influir en los demás. ¡Es lo único!"

— Alberto Schweitzer

# RESPETO

Cuando no hay respeto, pocas veces hay aprendizaje. Un maestro que tolera las tardanzas, la mala conducta, las malas palabras, o la indisciplina perjudica al alumno que muestra este comportamiento, y también a toda la clase. El respeto a la autoridad es lo que estabiliza el orden en el salón de clase. Permite a todos participar equitativamente.

"Enmiéndate o te entregaré a las autoridades." Hemos escuchado esto toda la vida. Considérelo y verá que "autoridad" no es una palabra negativa. La autoridad sugiere que alguien está a cargo, y eso provee un sentido de seguridad. La autoridad significa que alguien tiene la última palabra, y eso provee un ambiente de responsabilidad.

Enseñe a sus alumnos el lado positivo de la autoridad y serán bendecidos. Si llevan su vida sin respetar a la autoridad serán malditos. Es lamentable que el respeto a la autoridad no se pueda dar en una inyección intravenosa. Sabemos que una reacción forzada causa rebelión. Como la rebelión, el respeto es contagioso. Cuando uno o más alumnos lo practican, influencia a los demás. Y cuando el maestro da ejemplo de respeto, los alumnos lo notan.

# "Estudie" y "guíe" a sus alumnos.

"El buen éxito tiene muchos padres, pero el fracaso siempre es huérfano."

— John F. Kennedy

# EVALUACIÓN

La evaluación del alumno va más allá de la libreta de notas. La libreta de notas mide sólo lo que el alumno ha hecho. Usted tiene que evaluar dónde se encuentra y hacia dónde se dirige.

Aprenda a "estudiar" a sus alumnos. ¿En qué están trabajando hoy? No me refiero a las tareas escolares. ¿Qué están procesando en su mente y en su corazón?

¿Cuál es su principal preocupación? Por supuesto, esa es una pregunta muy difícil de contestar. Si usted pudiera leer los pensamientos, seguramente no estaría en la profesión de docente. ¡Tal vez se dedicaría a la lotería!

Pero en cierto sentido, usted lee los pensamientos. La interacción diaria con sus alumnos le ha dado gran conocimiento respecto a lo que los motiva, y lo que ni por nada les llama la atención.

Una vez que comprenda lo que piensan, tiene que guiarlos. ¿En qué aspectos necesitan desarrollar? ¿Hacia dónde quiere usted dirigirlos? ¿Cómo utilizará el conocimiento que ha ganado al observar el comportamiento y los semblantes?

La evaluación produce motivación.

# Establezca un ambiente de apertura.

"La libertad no es el derecho de hacer lo que nos complace, sino la libertad de hacer lo debido."

— Cícero

# LIBERTAD

Por lo general, la libertad de expresión es un derecho constitucional, excepto en el salón de clase. Una de las primeras expresiones que oye un niño de kindergarten es: "¡Chsst!" Cien veces al día se le dice que se calle, y luego pasa al primer grado. Entonces constantemente se le dice que se exprese. ¡Con razón se siente confundido!

¿Dónde se halla el equilibrio entre apertura y anarquía? Haga saber a sus alumnos que valora sus opiniones. Las palabras de aliento que usted exprese, sus expresiones faciales, y sus gestos siempre son maneras de decir: "Valoro lo que tienes que decir."

Los alumnos necesitan la oportunidad de expresar en alta voz sus opiniones. El maestro muchas veces aborda la sesión de clase pensando en lo que dirá y enseñará. Con un ambiente de franqueza en el aula habrá momentos en que el maestro simplemente escuche.

Es importante que los alumnos sepan que no deben temer el dar respuestas equivocadas. Lo cierto es que el tiempo en la escuela no será el único en que darán respuestas equivocadas. A veces como empleados, esposos, o padres no estarán en lo correcto. Mejor es que aprendan ahora a tomar ese riesgo.

# Enseñe buena deportividad.

"Una buena persona sabe ganar
sin jactarse y perder sin murmurar."

— Johnny Stubbs

# JUEGO LIMPIO

El odioso comportamiento del atleta captado en vivo o en video tuvo su comienzo años antes. Muchas veces esa clase de conducta nace en el salón de clase o en el campo de recreo de la escuela donde usted enseña. Desde las primeras competencias en el campo o delante de la clase, se reforzó ese comportamiento engreído; a veces con fuertes aplausos y otras veces con silenciosa aprobación.

Cada persona es única, ¡tal como todas las demás! La multitud se compone de personas, cada una con personalidad única, fuerzas únicas, y debilidades únicas. Muchas veces el alborotador comportamiento de alguien es un grito para ser visto en la multitud.

Aun llamar a los alumnos por nombre es importante para su sentido de reconocimiento. A todos nos complace oír nuestro nombre, por más difícil que sea pronunciarlo.

Un paso hacia la deportividad o la nobleza es enseñar a los alumnos a reconocer la individualidad de los demás. Un paso aun mayor es enseñarles a ser indulgentes con las fortalezas o las debilidades del prójimo.

Si usted prepara a sus alumnos en generosa nobleza hoy, estarán menos propensos a ser egoístas mañana.

# Aplique la Regla de Oro.

## "La Regla de Oro sigue siendo la única regla."

— Stan Toler

# BONDAD

"Haz a otros antes que te hagan a ti" parece ser la norma de estos días. Pero no debe ser así. El tratar a las personas como queremos que nos traten no sólo es prudente en el ambiente social, es también prudente en lo profesional. A usted no sólo se lo conoce por las personas con quien se asocia, sino por la manera en que trata a esas personas.

En primer lugar, la bondad es una actitud que busca el bienestar de los demás antes del propio. No sólo reconoce el valor personal del prójimo, sino que busca darles sentido de dignidad. El trato que usted da a otra persona comienza en la mente; tiene que ver con el sentir que tiene hacia ella. Por ejemplo, una actitud sentenciosa resultará en comportamiento sentencioso.

Por supuesto, la bondad también es una acción. Las Escrituras nos enseñan que nuestros hechos expresan nuestra devoción. Una nota, una tarjeta de cumpleaños o de aniversario, un pequeño regalo en honor de un logro, son expresiones tangibles de nuestra preocupación por los demás y algo que a nosotros mismos nos complacería recibir.

# Asóciese con un mentor.

"Uso no sólo mi propio cerebro sino también todo lo que puedo tomar prestado."

— Woodrow Wilson

# APOYO

Nos necesitamos unos a otros, y no sólo por la necesidad de compañerismo. También necesitamos la sabiduría y las habilidades de los demás. El salón de clase es sólo el comienzo. El conocimiento que ganó en su preparación profesional no necesariamente lo hace profesional. Requerirá algo más. Usted necesita el juicioso aporte de sus colegas.

El saber aprovechar las experiencia de otros comienza con una relación de mentoría. Busque a alguien que sea conocedor en las materias que usted enseña, y luego comprométase a aprender de esa persona. Se le ha enseñado que usted está personalmente equipado, y seguramente así es. Pero aun así es aprendiz. En realidad, no puede ser un buen maestro sin ser un dedicado aprendiz.

El apoyo de un mentor es una buena manera de llenar las lagunas personales y profesionales. Un maestro más experimentado será una rica fuente de información que usted puede aprovechar en la enseñanza. Una simple taza de café puede ser una de las más sabias inversiones que usted jamás haga. En ese tiempo informal que pasen juntos, pudiera cosechar los beneficios de años de experiencia, aquello que no puede aprender de un libro de texto.

Trabaje en equipo y triunfe..

# Asista a conferencias y seminarios.

## "El aprendizaje es un tesoro que acompaña a su dueño adondequiera que vaya."

— Proverbio chino

# APRENDIZAJE

Así como la enseñanza es una responsabilidad de toda la vida, también lo es el aprendizaje. Hay una máxima que dice que nunca se es demasiado viejo para aprender. Tampoco demasiado joven. Los patrones que usted establezca al principio de su carrera son los que lo sustentarán a través de ella. El aprendizaje es una devoción de por vida. Usted no aprende una vez; no es suficiente una sola vez. Tiene que seguir aprendiendo. Debe aprovechar cada oportunidad de incrementar el saber y sus habilidades.

Las conferencias y los seminarios ofrecen tal oportunidad. Por un precio razonable, que generalmente es reembolsado por su escuela, puede aprovechar una gran fuente de sabiduría profesional. Al mismo tiempo, puede asociarse con otros profesionales y aprender de ellos.

Las conferencias y los seminarios no solo ofrecen la oportunidad de aprender; también ofrecen la oportunidad de vivir. Usted necesita una vida fuera del aula, un descanso en medio de la rutina. La asistencia a una sesión de aprendizaje puede ser la perfecta receta para quitar de la mente la tensión producida por la enseñanza.

Asista a un seminario. Viva un poco. Aprenda mucho.

# Dé ejemplo de buenos modales.

"La vida es corta, pero siempre hay tiempo suficiente para la cortesía."

— Ralph Waldo Emerson

# CORTESÍA

La clásica expresión: "Los niños tienen mayor necesidad de modelos que de críticos" vale para el salón de clase como para el hogar. La costumbre de llevar a la clase un artículo y referir algo acerca de éste no es sólo una actividad escolar; es la perfecta manera de equilibrar la profesión con la expresión. Lo que usted profesa saber se expresa mejor con lo que demuestra en su vida. No puede enseñar eficazmente a sus alumnos lo que no ha aprendido. Quizá tenga que sustituir a un maestro y enseñar un tema que no le es muy familiar. Y tal vez llegue a la clase con una pila de libros de texto. No demorará mucho hasta que salga a la luz la inexperiencia, que generalmente observa un alumno de la primera fila. Pronto se da cuenta de que se siente más a gusto al enseñar una materia que usted conoce.

La cortesía no se aprende de los libros. Se aprende la cortesía al verla en acción. Es muy probable que sus alumnos traten a los demás de la manera en que usted los trata a ellos. ¡Muchas veces usted pasa más horas con ellos que las que pasan con sus padres!

La cortesía se "capta", y usted es el portador.

# Mantenga un diario de su enseñanza.

"El diario es la clave para mantenerse al día en el aula."

— David Case

# EL DIARIO

Los hay en todas partes. Desde las librerías hasta las tiendas de remate tienen los diarios personales. Simples o adornados, se han hecho muy populares entre aquellos que quieren anotar sus pensamientos. Los diarios también son populares en la Internet. Las páginas Web personales ofrecen a la gente un lugar en el que expresar su trayectoria personal en HTML. Las numerosas visitas a esas páginas indican el gran interés que la gente tiene en observar esas trayectorias.

Llevar un diario es bueno para el maestro. Le ofrece un registro de sus métodos como también una válvula de escape para sus preocupaciones personales. Se puede llevar control de los planes de lección, las ilustraciones, y las ayudas audiovisuales para referencia en el futuro. También es una buena manera de evitar la repetición y de mantener las lecciones enfocadas y en orden.

El diario también la da al maestro un informe de su progreso personal. Con comentarios, pensamientos del día, y versículos bíblicos son interesantes señaladores que no sólo ofrecen guía para lo inmediato sino que también pueden ser una gran fuente de aliento en el futuro.

# Siga el progreso de sus antiguos alumnos.

"Nunca subestime el poder
de una nota."

— Norman Vincent Peale

# SEGUIMIENTO

Qué habrá sido de Fulano? De pronto ese pensamiento le recuerda la inversión que hizo en la vida de otra persona, y usted se pregunta acerca del resultado de esa inversión. Ser maestro no es como trabajar en una línea de producción donde se funden las tuercas y los tornillos y los paneles eléctricos se instalan en refrigeradoras. La enseñanza es personal. Por algunos momentos, algunas personas interactúan en buenas o malas maneras.

Es natural que usted tenga curiosidad acerca del impacto obrado por esa interacción. El maestro tiene ventaja ante otros profesionales. Muchas veces, los alumnos de su clase son hermanos o hijos de anteriores alumnos. Si enseña por largo tiempo, enseñará de una a tres generaciones de la misma familia. Pregunte acerca de los otros.

Lea el periódico. Algunos de los líderes cuyos comentarios aparecen en las columnas del mismo quizá aprendieron de usted sus destrezas. ¡Y algunos de los notorios miembros de la comunidad quizá aprendieron el arte de la rebelión al probarle la paciencia en el aula!

Envíeles una nota para inspirarlos. Haga saber a su antiguo alumno que no perdió interés en él el día de la graduación.

# Continúe su educación.

"La seguridad y el destino de una nación descansan principalmente en la buena educación de su pueblo."

— Louis Kossuth

# SUPERACIÓN PERSONAL

**P**oco a poco usted obtiene sus grados. La trayectoria del aprendizaje no termina con el paseo por la plataforma. Ese es sólo el comienzo. El diploma es más que un premio; es un "mapa" del camino a seguir. Usted acaba de aprender cómo aprender. La misma dedicación que resultó en el diploma que cuelga de la pared necesita ser renovada de cuando en cuando.

Usted espera que sus alumnos continúen su educación. ¿Por qué no hacer personalmente esa dedicación? No hay nada como la superación personal. Contribuye a su autoestima y resulta en una mejor relación con los demás.

El continuar su educación también mejora sus habilidades de enseñanza. El conocimiento que gane puede ser duplicado en la vida de sus alumnos. Cada teoría, cada dato, cada descubrimiento puede ser pasado a los alumnos como un testigo en una competencia de relevo. El desempeño de sus alumnos es el derivado de su propia educación. Al superarse a sí mismo, contribuye a la superación de los demás. ¡Ese es el significado de la enseñanza!

Inscríbase a una clase. Participe en un grupo de estudio. Visite regularmente la biblioteca. Refresque su mente, y enseñará con nueva inspiración.

# Lea libros que lo fortalezcan en su profesión.

"Cuando un tema llega a ser obsoleto, lo convertimos en una materia requerida."

— Peter Drucker

# INTELECTO

"LOS LECTORES SON LÍDERES" dice un anuncio comercial, y es cierto. La lectura le ayuda a ganar ventaja sobre los que no leen. Los lectores saben lo que está ocurriendo en el mundo; tienen una comprensión de los asuntos actuales que escapa de los que no leen. Los ávidos lectores saben lo que piensa la gente. No pueden leer los pensamientos pero están al tanto de lo que piensa la sociedad. Los lectores conocen lo último en las teorías de motivación y potencial humano. Están mejor equipados para dirigir a otros. La lista pudiera ser muy larga. Basta decir que los lectores en realidad son líderes.

Los maestros que son ávidos lectores tienen ventaja sobre los demás. La educación constantemente está evolucionando, y es esencial que usted esté al corriente para que fortalezca sus destrezas profesionales.

Pero más que eso, la lectura es esencial para el desarrollo intelectual. Con todo el énfasis que se hace en buen estado físico, muchas veces se pasa por alto el desarrollo de la mente. Para mantener un cuerpo saludable, los gurús del buen estado físico enfatizan el entrenamiento con pesas, los ejercicios aeróbicos, y la debida dieta. ¿Qué de la mente? ¿Tiene usted una rutina para fortalecer la mente? ¿Ejercicios mentales? ¿Una apropiada dieta mental? ¿Lee libros de poco valor educativo o lee aquellos que le expanden la mente?

Comience una rutina de buen estado intelectual.

# Céntrese en las relaciones más que en las reglas.

"Lo que cuenta no es cuánto usted hace, sino con cuánto amor lo hace."

— Madre Teresa

# FLEXIBILIDAD

Algunas personas son muy rígidas. La rigidez limita las relaciones, porque en las buenas relaciones tiene que haber flexibilidad.

Las reglas tienen su lugar. Sin los reglamentos de tránsito sería peligroso ir al trabajo. Un juego de tenis sin reglamentos sería más como una práctica de bateo. Las reglas del juego de tenis lo hacen más disfrutable. El mismo partido sería una pesadilla si uno de los jugadores refutara cada decisión del árbitro y exigiera una constante referencia al manual de reglamentos.

Si usted lo permite, las reglas gobernarán su vida. Usted será esclavo de cada jota, cada tilde, cada punto, y cada coma. Tal comportamiento limitará el tiempo que tenga para invertir en relaciones. Las relaciones exigen espontaneidad. Requieren cambio de planes para incluir una cita de almuerzo, cancelar una cita para hacer un mandado, o dejar de ver un programa de televisión favorito para hacer una llamada telefónica. Las relaciones se centran en los demás. Ponen las necesidades y el bienestar del prójimo antes de las necesidades y el bienestar propio.

# Desafíe la mediocridad.

"La lectura es para la mente lo que
el ejercicio es para el cuerpo."

— Joseph Addison

# EMPUJE

lgunas personas tienen empuje para sobresalir, otras apenas avanzan. La mediocridad es un mal peligroso que hace que las personas se contenten con lo secundario. Casi siempre es una elección personal. La mediocridad comienza en la mente. Es como una mala hierba que se entreteje con la ambición personal y la ahoga. Si se la deja crecer, prevendrá cualquier crecimiento personal. Hasta tiene su propio lenguaje: "No puedo." "No pude hacerlo." "No tengo el empuje necesario."

Hay que desafiar a la mediocridad como a un agresivo enemigo. Desafíela con educación. Los libros, los casetes, las páginas en la Web, y los seminarios son como espadas que se pueden blandir contra los paralizantes efectos de la mediocridad.

Desafíela con aventuras. Pruebe un nuevo pastiempo. Planifique un viaje. Inscríbase en un grupo que trate un tema de interés. Sálgase de su mundo acostumbrado a descubrir algo nuevo. No sólo descubrirá nuevos intereses sino que entablará nuevas amistades, y al mismo tiempo combatirá al enemigo de la apatía.

Avance con "empuje" un paso más por el sendero de la vida.

# Recompense la creatividad.

"El mejor uso de la vida es gastarla en algo que la sobreviva."

— William James

# CREATIVIDAD

Los alumnos más creativos del salón de clase a veces son los más callados. La creatividad es como un arroyo subterráneo. Hay que descubrirlo y aprovecharlo. Pero una vez que se descubra, es una constante fuente de innovación. A usted le toca hacer el descubrimiento; aprovechar la fuente del talento creativo y sacarlo a la superficie.

Primero, tiene que hallarlo. Una buena manera de comenzar es dar oportunidad para esfuerzos creativos. Proyectos de clase, asignaturas personales, actividades en grupo… estas son herramientas de investigación que pueden revelar el talento oculto en su clase.

Luego tiene que premiarlo. Las personas creativas muchas veces se sienten inseguras respecto a su talento. Necesitan constante aliento. Una palabra de ánimo, una nota, o reconocimiento público puede ser la chispa que encienda la llama de creatividad en ese alumno callado.

Como el entrenador que observa a los jugadores en la cancha, usted busca al que sobresale. Entonces debe hacer un esfuerzo personal para trabajar con el talento natural hasta que llegue a la excelencia. Con un poco de atención, el alumno callado puede hacer la más expresiva impresión.

# Supere las pequeñeces.

"Una señal de madurez es pasar de
la insensibilidad y dureza de corazón
a soportar las críticas y a tener
un corazón sensible."

— Chuck Swindoll

# MADUREZ

¡Admítalo! Hay ciertas cosas que lo molestan. Por lo general, no son los grandes problemas que impiden su desarrollo personal, sino los pequeños; esas trivialidades que lo sacan de quicio. Como una astilla que se le mete debajo de la piel; si no la saca, además del dolor le puede causar infección.

La madurez es saber tratar con las astillas. Significa superar las cosas que lo oprimen, como esas pequeñeces que tienen nombres y rostros: esa norma del personal docente, ese colega hablador, la escasez de suministros, el director que aparentemente no observa el esfuerzo que usted hace.

A veces las pequeñeces pueden ser significativas, porque impiden su progreso. Lo mantienen bajo constante tensión y le impiden tener buena relación con sus colegas. Es hora de superarlas.

Piense bien en qué se abocará. Hay ciertas cosas en las que no vale la pena gastar tiempo y energía. Si algo no está dentro de su plan general, archívelo en el cajón del fondo y no vuelva a abrir ese cajón. Decida ajustar su vida a la causa que persigue.

¡No pierda el tiempo en pequeñeces!

# Documente los problemas que tenga con alumnos difíciles.

"Hasta que no haga los pequeños detalles cuidadosamente, nunca hará correctamente lo grande."

— Zig Ziglar

# PRECAUCIÓN

En días de antaño, la palabra de un hombre valía como un contrato. Se vendían y compraban lotes de tierra con sólo un apretón de manos para sellar el negocio. Luego vino la era de litigación. Los acuerdos prenupciales se hicieron tan sagrados como un certificado de matrimonio. Había que imprimir en las tazas de café una advertencia sobre la temperatura del contenido. Y las demandas y los juicios se hicieron más y más comunes.

Es un nuevo mundo también para los maestros. Las conferencias entre padres y maestros pueden incluir amenazas legales, juntamente con las preguntas acerca del currículo. Juanito o Juanita tienen la tarjeta de presentación del abogado de sus padres en la mochila aprobada por el gobierno, una mochila que sido declarada peligrosa para la salud del niño por un grupo que se empeña en proteger al consumidor.

La manera de tratar el mal comportamiento del alumno también ha cambiado. La paleta que antes usaba el director cuelga de la pared en un museo local, y los educadores tiene que ser muy precavidos al tratar con mala conducta.

En el campo de bienes raíces la palabra clave es: "¡Localidad, localidad, localidad!" En la educación, la palabra es: "¡Documentación, documentación, documentación!"

# Establezca una vida devocional diaria.

"Sean gratos los dichos de mi boca
y la meditación de mi corazón
delante de ti, oh Jehová, roca mía,
y redentor mío."

— Salmo 19:14

# ESPIRITUALIDAD

Como dice el adagio: "Mientras haya exámenes habrá oración en la escuela." Como un filósofo sugiere, en cada persona hay un vacío en la forma de Dios. Somos multidimensionales: seres mentales, físicos, sociales, y espirituales. Negar lo espiritual es negar parte vital de quiénes somos.

Lo mejor que usted puede hacer por sí mismo y por sus alumnos es establecer una rutina diaria de comunicación espiritual con Dios. La oración, la lectura bíblica, y la lectura de un libro devocional puede ser la más importante preparación que usted hará en un día escolar.

Al hablar con Dios acerca de su día tendrá un sentido de paz y confianza. Si permite que Dios le hable por medio de su Palabra, la Biblia, recibirá instrucción en un ámbito extraordinario. Los escritores de material devocional ponen los pensamientos espirituales que usted tenga en palabras y frases prácticas, y no sólo le hablan a usted sino que también hablan por usted en que le ayudan a expresar su fe en el Todopoderoso.

Cuando comience el día de rodillas, andará con confianza.

# Siga la misión de su vida.

"No hay pobreza que pueda tomarle
la delantera a la diligencia."

— Proverbio japonés

# PROPÓSITO

No es por casualidad que usted está detrás del pupitre; es por decisión propia. No es sólo un trabajo; es una misión. A veces parece una misión imposible; pero sin embargo es una misión. Es muy confortante para usted saber que está cumpliendo su propósito. Sintió el llamado a la docencia, y se preparó. Usted buscó el lugar apropiado para practicar su talento. Y ahora, ¡aquí está!

Es bueno saber que cuando los días son largos, cuando el acondicionador de aire no funciona, y cuando la comunidad está votando por un bono local, usted aun tiene propósito. Usted es una persona importante en el proceso total. Usted sabe quién es y por qué está donde está. En realidad, ¿quién? y ¿qué? son dos de las preguntas más importantes de la vida. Cuando haya contestado a esas preguntas, está dos pasos más adelante que cualquier otro en la raza humana.

Concéntrese en su misión. No se desvíe por los cambios económicos, políticos, o sociales. Usted ha sido llamado a transferir verdades clásicas a mentes contemporáneas.

# Anime a sus alumnos a tener compasión.

"Si quiere que otros sean felices, practique la compasión."

— Edward Hayes

# HERMANDAD

Los programas tomados de la vida real han captado la atención del público televisor. "Captado en película" es la nueva onda. Ahora uno puede acompañar a los policías cuando persiguen a criminales. La pregunta del día es acerca de alguno de los programas en vivo. Las cámaras en la Web han abierto las persianas de la sociedad hasta que casi no hay nada oculto.

Pero la tecnología que debiera habernos unido más bien nos ha separado. Ahora somos la generación de los sospechosos. A muchos siervos de confianza se los ha descubierto delinquiendo a mano abierta. Tenemos que esforzarnos para confiar en los demás.

La desconfianza también ha invadido los salones de clase. El llamado del maestro no es sólo a enseñar datos y filosofías, sino también es un sentido de comunidad. "Nadie es una isla" sigue siendo el pensamiento del día. No importa la raza, el género, o el origen, todos somos parte el uno del otro.

La compasión se debe insertar en el plan de la lección. El saber llevarse bien es tan importante como el avance en los estudios.

# Enfréntese a los desafíos un día a la vez.

"Casi no hay mayor satisfacción que hacer algo que uno no sabía que podía hacer."

— Marjorie Holmes

# SERENIDAD

La vida no es tan mala cuando se vive en pequeñas porciones. Nadie quisiera vivirla toda de una vez. No importa lo que digan los psíquicos de la televisión, no queremos saber lo que nos depara el futuro. Para algunos eso sería demasiado penoso.

La Biblia nos aconseja a no preocuparnos por el mañana. Viva su vida hoy con la esperanza del mañana. Ese es un gran consejo para los que ansían tener un poco de tranquilidad en la confusión de estos tiempos.

La serenidad es una decisión; una decisión de confianza. Es la decisión de descansar confiado de mente y espíritu en las eternas promesas de Dios, quien nos ha prometido su cuidado. Es la decisión de rendir el pasado a su perdón y el futuro a su gracia.

Cuando usted se jubile, y reflexione en los desafíos que tuvo en su carrera, se preguntará cómo sobrevivió. Seguramente sobrevivirá, no por sus magníficas destrezas sino debido a su fe.

Acepte el desafío, un día a la vez.

# Confíe en la Palabra de Dios como la norma de moralidad.

"Enséñame, oh Jehová, el camino de tus estatutos, y lo guardaré hasta el fin."

— Salmo 119:33

# LA ESCRITURA

Algunos filósofos modernos sugieren que todo es relativo. Pero el problema es que a veces se necesitan respuestas absolutas para las situaciones de la vida. La Palabra de Dios, la Biblia, es la fuente donde buscar esas respuestas. Este libro inspirado por Dios es el éxito de ventas de todos los tiempos. ¿Por qué? ¡Porque se puede confiar absolutamente en él! Cada versión impresa contiene los mismos principios. Las Escrituras son el molde espiritual para llevar una vida abundante.

Las pequeñas sorpresas de la vida no lo tomarán desapercibido si la Biblia es su marco de referencia. La historia es tan acertada como la profecía. Se extiende por milenios con un mensaje de perdón y esperanza. Nos ayuda a comprender la conducta humana y la intervención divina.

Si no hay autoridad que defina las normas de conducta, reinará el caos. Las Escrituras son la autoridad de Dios. Nos dan el conocimiento necesario para el orden y la urbanidad. Léala con confianza. Aplique sus verdades con la certeza de que transformarán su vida y la de aquellos que están bajo su responsabilidad.

Lea la Biblia y coseche su fruto.

# Conecte las acciones con las consecuencias.

## "Después del fuego, cenizas; después de la lluvia, rosas."

— Proverbio marroquí

# RESPONSABILIDAD

Un hecho de la vida es que por cada acción hay una reacción. Nuestras palabras y nuestros hechos tienen influencia duradera, como los rizos que se forman en el agua cuando se lanza una piedra. Parte del proceso de madurez es asumir responsabilidad por esos rizos.

Tan importante como enseñar a los jóvenes la geometría es enseñarles a ser responsables por su conducta. En realidad, probablemente será de aun mayor significado. En su educación superior, en su carrera, en sus relaciones, y en su hogar, la comprensión del vínculo entre las acciones y las consecuencias es absolutamente necesaria para que hagan buenos ajustes.

La responsabilidad se aprende temprano en la experiencia escolar. Si el alumno no estudia para una prueba o un examen, si no cumple con la fecha de entrega para una tarea, si llega tarde a las clases, aprende lecciones para la vida. Los alumnos tienen que saber que hay consecuencias por sus acciones (o falta de acción).

Es una gran desventaja para los alumnos que el maestro permita el pobre desempeño. Hágalos responsables por sus acciones y les habrá dado un buen empuje desde el nido al mundo real.

# Descanse en la fe.

"No hay situación concebible en
que no sea seguro confiar en Dios."

— J. Oswald Smith

# CONFIANZA

La fe es sencilla. Cada mañana usted junta sus libros, los papeles que calificó la noche anterior, y quizá su almuerzo. Los pone en el auto y busca la llave. Cuando la encuentra, toma asiento en el auto, la pone en el contacto de arranque, y enciende el motor. Con el motor prendido avanza rumbo a otro emocionante día en la escuela. Durante todo el proceso hizo uso de la fe. Desde la confianza de que su trabajo todavía le esperaba, hasta la seguridad de que el motor se encendería cuando pusiera la llave en el contacto de arranque, usted confió en el poder y la provisión de otras personas.

No tuvo que comprender todo a cabalidad para gozar de los beneficios. Simplemente confió. Así es la fe espiritual. Usted no tiene que comprender todo el proceso del perdón, de la paz, de la provisión diaria, o de la esperanza de vida eterna; simplemente tiene que confiar en el poder y la provisión de Dios.

Tómelo con calma; Dios no le fallará. Como Él es eterno, ya ha visto este día. Él conocía cada hora de este día aun antes que fuera creada la primera estrella.

# Ore por sus alumnos por nombre.

"La oración es la llave de oro que abre la puerta del cielo."

— Thomas Watson

# ORACIÓN

**D**arse tono mencionando gente importante no tiene connotación negativa al nombrar a los alumnos en oración. Usted tiene el gran privilegio de presentar las necesidades individuales de ellos ante el Dios del Universo. No tiene que hacer alarde de ello, ni siquiera mencionarlo. Simplemente hágalo. Usted puede actuar como el embajador de sus alumnos ante el trono celestial.

Pensándolo bien, esto puede ser algo de lo más importante que usted haga por sí mismo y por sus alumnos. Cada uno tiene necesidades espirituales, emocionales, o relacionales que sólo la persona misma conoce. A diario, usted puede pedir a Dios que en su bondad y misericordia supla esas necesidades.

Los reglamentos quizá le prohíban mencionarlo; pero no hay reglamento que pueda impedir la oración. Puede realizarse aun en el aula, en momentos de oración silenciosa. Sea que usted ore por sus alumnos en su tiempo devocional privado o en momentos de silenciosa oración personal, tenga la seguridad de que la oración cambia las cosas.

# Busque un compañero de oración.

## "La oración ferviente y con fe es la raíz de toda piedad personal."

— Guillermo Carey

# CAMARADERÍA

**E**n verdad la unión hace la fuerza; especialmente cuando se trata de la oración. La Biblia dice que cuando dos personas se ponen de acuerdo aquí en la tierra respecto a cualquier asunto, captarán la atención del Cielo.

La camaradería entre miembros del cuerpo decente es una fuerza poderosa. Puede unir a las personas en un propósito común, emanar sanidad a los heridos, y proveer recursos para enfrentar las tensiones de la enseñanza diaria.

Cuando los creyentes en Cristo se reúnen, hay un recurso aun más poderoso, porque hay una tercera persona presente, que es Dios. No solamente unen las manos sino también los corazones. Su devoción común les da un sentido de comunidad, aun en un ambiente no dado a lo espiritual.

Busque un compañero de oración. Tal vez tengan que ser discretos respecto al tiempo en que decidan reunirse. Conviertan su hora de almuerzo en una "hora de poder". Reúnanse en un momentos definido y presenten ante el eterno Dios a sí mismos, a sus alumnos, a sus colegas, y al sistema escolar. ¿Quién sabe? Tal vez no encuentre sólo un compañero de oración sino también un nuevo amigo.

# Nunca olvide el lenguaje del amor.

"No sólo quiero ser amado; quiero que me digan que me aman."

— George Elliot

# **AMOR**

Usted seguramente conoce acerca del lenguaje romántico, ¿pero conoce el lenguaje del amor? Es el más gentil y más poderoso lenguaje jamás expresado. Contiene palabras como paciente, bondadoso, moderado, humilde, cortés, perdonador, sincero.

Es obvio que este lenguaje no se aprende a través de un curso por correspondencia, un programa computarizado, o una clase de estudio nocturno. Nace de la fe personal y lo expresa mejor aquel cuyo corazón tiene paz con Dios.

Aun en una sociedad multicultural es un lenguaje que todos comprenden. Muchas veces no requiere de palabras para ser expresado. Sencillamente se expresa con actos de consideración, mediante comportamiento desinteresado, con compasión y comprensión. Atraviesa las barreras de color con hermandad, y atraviesa las barreras económicas con comunidad.

También es el lenguaje de una clase donde hay paz. Dirigido por el maestro, el lenguaje del amor derriba los muros que separan a unos alumnos de otros, y a los alumnos del cuerpo docente.

Aprenda fluidamente el lenguaje del amor.

# Colabore con los padres en la crianza del niño.

"No conocemos el amor de padre hasta que lleguemos a ser padres."

— Henry Ward Beecher

# ASOCIACIÓN

Es necesario un equipo para criar a un niño. Aunque la presión está en los primeros jugadores — los padres — se necesita también una buena banquilla — los maestros — para completar el equipo. Los maestros ofrecen la fuerza de sus habilidades y su apoyo emocional al equipo de padre y madre. Su contribución al "partido" es muy importante. Considerando que durante una semana promedio tienen más tiempo de juego que los padres mismos, sus acciones contribuyen grandemente a las ganancias y las pérdidas.

La fuerza de un equipo ganador se halla en su banquilla. Sin el apoyo de jugadores suplentes igualmente preparados, el equipo no estaría completo. Los padres y los maestros son el equipo, y tienen una vital asociación. Al apoyarse unos a los otros con hechos o palabras, los alumnos los observan de cerca y aprenden de esa relación.

Es importante que los maestros recuerden que ellos no son EL EQUIPO. Son parte del equipo. Sus mejores esfuerzos se realzan cuando colaboran con el equipo de padres.

# Que sus hechos no hablen tan fuerte que no se oiga lo que diga.

"La integridad es la integración de la vida con los principales valores."

— William Lawrence

# EJEMPLO

Usted ha oído la expresión "ver es creer". Se aplica también a la enseñanza. A los maestros se les paga para que hablen, cada día y casi todo el día. Los alumnos escuchan mucho de lo que dicen, pero en parte no prestan atención. Muchas veces lo que no "escuchan" es por la falta de credibilidad. Cuando el maestro implica que los alumnos deben hacer "lo que dice" en vez de "lo que hace", se levantan barreras de comunicación.

Los mejores maestros dan ejemplo de las verdades que proclaman. Son ejemplos vivos de los beneficios de la educación. Es una cosa decir a los alumnos que deben seguir su educación; es otra mostrarles el carácter y la personalidad positiva de un aprendiz de por vida. Es lamentable que no haya un curso universitario denominado Ejemplo Vivo, porque una nota pasable en ese curso le daría una gran ventaja en la enseñanza.

Los alumnos que han visto en el aula un ejemplo vivo de la bondad, reciben mejor las clases acerca de la bondad. La hermandad es un principio abstracto hasta que haya sido ejemplificado por un maestro que acepta a sus alumnos tal cual son.

Combine la enseñanza con la vida.

# ¡Termine bien!

## "Aunque todo el mundo se desvíe de la verdad, yo permaneceré firme."

— Atanasio

# PERSEVERANCIA

Las multitudes aclaman cuando el corredor del maratón llega a la meta. Luego le ponen al cuello la medalla de victoria. Es una escena hermosa. Lamentablemente, no se ve lo mismo el día de jubilación de un maestro.

Generalmente, el maestro simplemente vacía su pupitre, se despide de algunos colegas, y silenciosamente sale por la puerta. Debería ser todo lo contrario. Se debiera aclamar a los maestros y darles la medalla, porque la misma dinámica que lleva al corredor hacia la meta conduce al maestro hacia el día de jubilación.

El corredor tiene que tener un buen comienzo y seguir enfocado en la meta. Todo lo demás es secundario. Para un corredor, la meta es lo más importante. Para el maestro eso también es lo vital.

El corredor también tiene que estar dispuesto a pagar el precio: músculos cansados, desaliento, enfrentarse a la furia de los elementos, competencia con otros competidores.

Lo mismo se puede decir del maestro.

Por fin, el corredor tiene que terminar bien. Se olvidan los problemas, se felicita a los competidores, y el precio se acepta sin remordimiento. Del maestro se puede decir lo mismo.